JN438362

물에 빠진 개구리

물에 빠진

박희익 제8시집

도서출판 천우

철이 들 나이도 되었다고 생각하는데 아직도 철이 덜 들어 고희(古稀)의 중반인데도 아직 모자람뿐, 가슴을 열어 시를 쓰고 하고픈 말은 글로 표현하는데도 갈수록 어려워지니 어떤 영문인지 환경에 적응하려고 노력은 하여도 심연(深淵)에 떨어진 자신도 모르겠습니다.

항상 젊음을 잊어버리고 열정적으로 살아왔는데 모두가 허무하고 빈손뿐이니, 건강과 껍데기는 희맑은데 속은 종합병원이고 남이 보기엔 꾀병이라 할 정도니 보잘것없는 삶으로 여덟 번째 시집을 출간하려니 부끄럽고 얼굴이 화끈거립니다. 본 대로 느낀 대로 적어 왔던 글을 한곳에 모아보니 또 한 권의 시집으로 탄생하게 되었지만, 어법과 문맥을 제대로 살리지 못하여 미흡하기만 합니다.

특히 제가 태어난 곳이 조선 세종2년 태평성세 화산별곡 쓰신 변춘정 선생님이 태어나신 곳이며, 이 마을이 저의 고향이오, 태어나고 자란 곳이기도 하며 항시 자랑스러워 자부심과 춘정 선생님의 중심 사상을 공부하고 알려고 노력하는 중입니다. 경기체가 8악장 중 1, 2, 3, 4, 8악장 말미에 '그 어떠하리 있고' 궁중악으로 칭송하신 중심 사상과 한민족 天사상을 고찰하신 분이시고 많은 문장을 남기신 선생님이십니다.

독자 여러분께서 많은 이해 있으시고 많이 지도하여 주십시오. 목표는 10권이 될지 그 이상이 될지는 모르겠으나 시다운 시를 쓰도록 더욱 노력하겠습니다.

저의 졸필에 평설하여 주신 김전 월간 『문학세계』 편집위원님, 金天雨 (사)세계문인협회 이사장님, 물심양면으로 후원하여 주신 윤지훈 (사)세계문인협회 사무총장님, 저를 아껴주시는 많은 문우님들께 감사의 말씀을 드립니다.

2014년 8월

幹谷 박 희 익

제1부

가을 나비

● 시인의 말

가로등 노래 _ 13
가을 나비 _ 14
공작산 수타사 _ 15
겨울에 피는 꽃 _ 16
고통 _ 17
고향이 시끄럽다 _ 18
구름 속 어머니 _ 19
굴곡 형 _ 20
그래… 그렇다 _ 21
그리움 _ 22
기록적인 더위 _ 23
깊은 밤 가로등 아래 _ 24
깊은 밤 향나무 _ 25
꿀벌 _ 26
노인의 쉼터 _ 27
나으리님들 정신 좀 차리세요 _ 28
동기회 _ 31
내려 보는 팔각정 _ 32
물에 빠진 개구리 _ 34
민들레 _ 36

제2부

마음이 부자

마음이 부자 _ 39
만날까 싶어 _ 40
매미 _ 42
매실 _ 43
매실가 홍쌍리 _ 44
매화 축제 _ 45
먹지 못하는 알 _ 46
목련 _ 47
명랑한 안내 _ 48
무아정(無我亭) _ 50
물안개 _ 52
밤 기둥 _ 54
밤 _ 55
밤을 찾아온 손님 _ 56
벌초(伐草) _ 57
별일 아니다 _ 58
봄날은 간다 _ 59
부끄러운 거짓 _ 60
불볕 _ 62
개울 _ 63
산정의 초대 _ 64
빗물 인생 _ 66

제3부

삶

삶 _ 69
삶을 내려 본다 _ 70
새 연교 _ 71
서해바다 중도 1 _ 72
서해바다 중도 2 _ 73
세상모르고 _ 74
선유정 _ 75
세월에 쫓기어 _ 76
세월의 끝자락 _ 77
송운대사 78
되찾은 지갑 _ 79
소쩍새 _ 80
신발장 기다림 _ 81
0형의 삶 _ 82
아침 달 _ 83
앞에 오는 바람 _ 84
무궁화 _ 85
약수터 _ 86
어둠 속 피는 억새 _ 87
어머니 _ 88
어째서 _ 90
여름 _ 92
약봉지 _ 93
여명의 오솔길 _ 94
욕 보따리 _ 96
용호놀이 _ 98

제4부

우물 속 개구리

우물 속 개구리 _ 101
우편함 _ 102
운해(雲海) _ 103
유화(柳花) _ 104
은하계 _ 105
인생(人生) _ 106
잊어버린 기억 _ 107
장날의 그리움 _ 108
재즈 페스티벌 _ 110
조류독감 _ 111
정월 보름 _ 112
제주에는 사계절이 없다 _ 113
정자항에 모여 _ 114
한중막 바람 _ 116
주상절리 _ 117
죽전골의 밤(竹田谷의 夜) _ 118
지도와 증도 _ 120
창밖의 달 _ 121
처서 _ 122
청량사 _ 123
철책선의 구름 _ 124
환상(幻想) _ 126

제5부

첫눈

첫눈 _ 129
추행 _ 130
춘란과 동침 _ 131
축제 천국 _ 132
코스모스 2 _ 134
태백 _ 135
파리의 유언 _ 136
투명한 유리컵 _ 137
풍어(風魚) _ 138
하얀 밤의 자유 _ 139
팽목항의 눈물 _ 140
한밤의 천사들 _ 142
허공에 걸어둔 지구 _ 143
혈투 _ 144
환자의 식단 _ 145
희망 하나 좌운 _ 146
고향별곡(故鄕別曲) _ 147

● 해설 절망의 늪에서 들려오는 구도자의 목소리 / 김전 _ 148

제1부

가을 나비

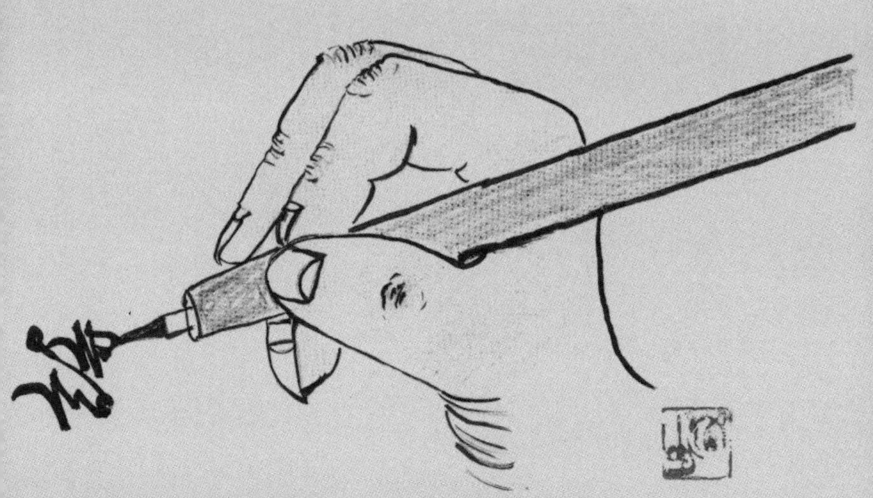

가로등 노래

나도 그랬다
너도 그랬다
걸어가는 발자국

둘 다…
흘러가는 냇물
물어 보지 않아도

애타게 감추어진
그리움
밤을 품고 가더라

가을 나비

온 누리
나비 떼 천지
고샅길에도
개울에도
분홍 나비 떼
어미 곁을 떠나
끝없는 유랑 길
이름 모를 별 찾아

노랑 빨강 하얀색
수없이 날아간다
하늘에 뜬 별
어디로 가나

달빛무리
소복이 쌓인
바람 밀려와
넓은 대지에
숨어든다

공작산 수타사*

공작이 알을 품은 형상 아래
포근한 수타사
길가 연등 줄지어 안내한다

아담한 산길 조성된 공원
둘레길 숲 속 원주 시인들 시화(詩畵)
오가는 사람 발길 멈추게 하고

먼 길 마다않고 흘러내린
깊고도 깊은 용담의 전설
용소(龍沼) 물이 소리 내며 지나친다

남남끼리 만나 함께하는
연리목(뽕나무와 소나무)
애달픈 사랑 전해주네

* 공작산 수타사 : 강원도 홍천군 동면 덕치리에 소재.

겨울에 피는 꽃

아침이면
연산홍이 거실에서
활짝 웃고 있다

붉게 피는
아름다운 꽃
무얼 의미하는가

대궁마다 꽃봉오리 맺혀
처음 핀 꽃 지기 전
번갈아 가며 피어난다

자고 나면 한두 송이
동지도 멀었는데
벌서 입춘 재촉하니

화분이 붉게 물들면
좋은 일 생기겠지
예쁘게 피어나라

고통

어느 놈보다
어떤 놈보다
지독하고 강한 무기
온몸 경련이 일어난다

불알 하나
잘못 스치면
깊은 상처 벌어지는 입

당해보지 않은 사람
고통을 모른다
삶의 아픔 경험하지 못한

대추나무 가시 비명을…

고향이 시끄럽다

송전탑 시끄러운 소리
헬기 소음
온 나라가 시끄럽다

외지 사람 와서 부추기고
가까운 군에 방이 모자라는
웃기지 못할 경찰 잠자리

계절 따라 영글어지는
얼음골 달콤한 사과
한여름 에어컨 바람

사자 평 억새 보는 절경
충절과 예절의 고장
물 맑고 공기 좋은 땅

조용한 날 언제 오려나
안타까운 내 고향

방에 가면 매형 말이 옳고
부엌에 가면
누나 말이 옳으니

어찌해야 될지
남천 강물 가슴을 친다

구름 속 어머니

높은 하늘 비구름
어느 구름 속에
어머니 들어 계실까

내가
뭘 하는지 떠다니시며
당신의 근심 걱정

눈물 한 모금 주고
공허한 가슴 여미며
내려 보고 계실

힘든 삶 흘린 눈물
집 앞 개천에
황토 물 되어

그리운 갈대꽃 만지며
허공을 맴도는 어머니

무지개 걸린 사다리 타고
까만 밤 꿈자리
오늘밤 다녀가실지?

굴곡 형

듣지 말라고 이명이 운다
보지 말라고 백내장 오고
말 참으라고 이빨이 빠져

까치의 종종 발걸음
육교를 바라보고
한 계단 두 계단 오르기 시작
꼭지에 오르니 하늘이 가깝네

쪼르르 달려가다
내려 보니 인간도 차도 발아래
가슴에 발자국 심고 내려오니

삶이란 별것 아님을
요철 속 좌충우돌하던 세월
보낸 것들뿐인데

그래… 그렇다

오늘은 웃고 살자
내일 걱정하는 바보

어제 죽은 사람이
오늘 얼마나
살고 싶었을까?

내일은 내일
살아 보아야 알 것

오늘 즐겁게 살다
밤을 맞이하자

오늘도 모르면서
야단스럽게

아웅다웅하는 삶
가슴에 불붙는다

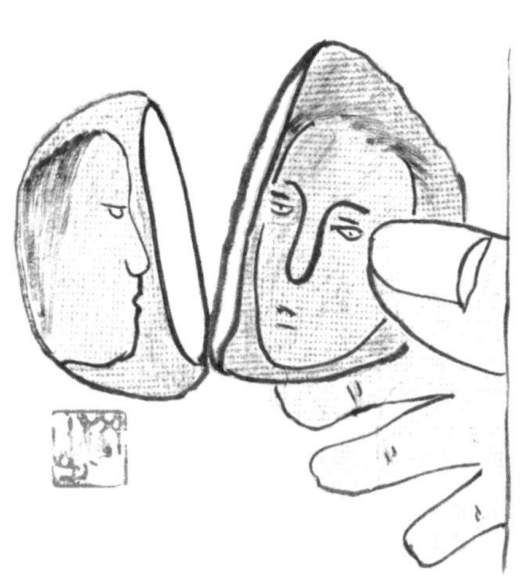

그리움

보고 지고
그립고 그립던
아련한 시절

옷소매 부여잡고
눈물 지우던
분 냄새 립스틱
땀 내음 섞인

그날 그때
그토록 그리움은
축 늘어진
버들강생이 향기

콧등에 날씨는
아직도 싸늘하네
봄비는 시샘을…

기록적인 더위

따가운 아침
태양은 화나서
붉은 얼굴 내밀고

영남은 찜통
밭작물 시들시들
과수는 땀을 흘린다

그래도 매미는
나무 그늘에서
노래를 하네

오랜 기간
중부지방 장마
작은 땅 두 얼굴

태양의 버림받은 지구
인간이 저지른 죄
편리함의 대가로

벌은 톡톡히 받고 있지
지구는 갈수록 더워지는데

*2013년 7월 무더운 여름날.

깊은 밤 가로등 아래

높은 산 살을 깎은
천만년 황토 물 내려
땀으로 오줌으로
흘러 왔구나

고작 지나온 삶
백 년도 못 되는데
늘어나는 것은
푹 파인 깊은 골

백색의 머리카락
바쁜 산책의 길
노을 진 바다
갈매기 나래짓

까맣게 핀 물거품
아쉬운 이별
낙엽처럼 날리네

깊은 밤 향나무

팔이 많은 향나무
화분에 살면서
천수 천안 부처님 손 같다

TV도 보고 식사도 함께하며
가슴 깊이 창 밖 동경하기도
그리움 못 잊어 밤 지새우면

바람 따라 해와 달을 보듬고
닫힌 창 한곳에 묵언 수행 중
산속 노오란 생강 꽃 몽우리
봄을 알리고

묵묵히 흐르는 개울 지키는
그는 반가사유상
심중(心中) 말 못함을 탄식한다

꿀벌

꽃을 가까이 두고
빙빙 맴도는 꿀벌이 있다
바람이 불어오는 방향으로
자꾸만 날아간다

향기는 나는데
방향을 찾지 못하는
장님 꿀벌들의 생존

작은 꽃이 멀리서도 향을 주고
필리핀 태국 중국 러시아
인도네시아 베트남 몽골

멀리서 힘들게 님을 찾아
언어와 문화가 다른 꽃
향기 좋은 꿀을 따
달콤한 가정을 꾸민다

노인의 쉼터

분수대 물소리 아랑곳 않고
발길 바쁜 사람들 오가는
부전역 지하도 만남의 장소

시름에 겨워 졸고 있는 노인네
눈감고 세월을 잡고 있다
축 처진 어깨 한없이 무거운

땅속 지하도 먼지로 요기하고
힘 풀린 눈 깔고 이리저리 보는
도울 수 없는 마음 발길 무겁다

나으리님들 정신 좀 차리세요

국민을 위해 무료 봉사하겠습니다
처음 시작할 때 보수는 없었습니다
얼마간의 세월이 지나
시의원 구의원 도의원
연 세비가 얼마나 되는 줄
알고 있습니까?
이것 어디서 나오는지
어떻게 쓰이는지
우리들 주머니에서
계속 나가야 합니까?

교육감 공약
초중고 무상 급식
자기들 호주머니에서 주는 것처럼
국민의 세금을
선심성 있는 공약 남발하고
시 도지사
어느 지역에서는 자동차 무료 승차
말도 되지 않는 수없는 공약들

국회의원 서로 죽일 듯 싸우다가
슬그머니 세비 올릴 때에는 척척 손발 맞았습니다

나라 살림살이를 하는 국회의원
혈세를 마음대로
게 눈 감추듯 하니 이 또한 가당찮은 일 아닌가요?

바꿀 수 없나요
의원 선출 방법을 바꾸고
너무 많은 국회의원
반으로 줄이고
국회의원도 청문회에 세워 보자

이중 국적, 사기, 추행, 강간, 정치 자금, 돈 뭉치, 탈세
혼외자식, 전과자는
어떠한 공직에도 나갈 수 없어야 합니다

나라를 위해 몸을 바치고 일할 수 있는
입법 사법 행정
청소부가 필요합니까?
이 나라의 영원한 발전이 올 때까지
비리 공무원 싹쓸이하고
피를 빠는 흡혈귀가 있으면
과감한 수술을 합시다

국회의원들 하는 모습 부끄럽지 않습니까?
자기들 싸움판에 국민, 국민, 국민이 탁구공인가 묻고 싶다
국민을 위하는 행동, 자리 좋은 자리, 돈 장난, 책임 회피
파벌의 역사 고려 조선, 수업시간에 졸았는지
당파 싸움 어떻게 여기까지 온 줄 모릅니까?

좌파가 판을 치는 이 나라 이 땅에
갈 길이 보이지 않습니다
시끄러운 집 잘 사는 가정 하나 없듯
여야 정치인들이여
지방의원 없앤다 해놓고 어떻게 했나?
부끄러움도 모르는 국회의원
슬쩍 공천하는 여야 개그맨 의원
방송국 개그 프로에 나가 보세요

필요 없는 일 정리하고 삼욕을 버리고
약속을 지켜야
나라가 순항을 한다
정신들 차리시오
입법 사법 행정부 나으리님들
국가를 위하여 제발 정신 좀 차리세요

동기회

한잔 술이라도 좋아 한잔 추억도
가슴속 하고픈 말 뱉으며
끈끈한 정으로 동삼동 회를 먹고
남항 대교를 걸어본 일 있는가

푸른 바닷물 교각 사이 출렁대고
대교 한가운데 통통배 떠내려가는
일흔이 넘은 동기 14명이
대한민국 만세 삼창 외쳐본다

석양에 지는 해를 안고 바다에 빠져
겨울바람 스치는 자갈치 새로운 건물
갈매기 나는 모습을 본 적 있소

우리 기술 60년 전 생각지도 못한
추운 겨울 바다
오늘 우리는 정을 나누며 물 위에 서 있다

내려 보는 팔각정

하루도 변함없이
천변(川邊) 지키느라
추워도 더워도
외로운 팔각정

가로등 불빛
등 떠밀려
흐르는 하천 물
별빛 속에 숨는다

갈대와 정분 나눈
길옆 잣나무
일생 그 자리서
외로움 달래며

물은 하심(下心)하며
위[上]도 보지 않고
교만하지도 않으며
자연에 봉사하는데

살다 보면
우주 만물이 법
물은 강으로 바다로
하얀 밤 팔각정
창밖 보는 내 모습이더라

물에 빠진 개구리

올챙이 올챙이
개구리 아들 딸 올챙이
물 고인 웅덩이
선거 때마다
어디서 왔는지
늦게까지 울어댄다
열애하는 소리
가족 찾는 소리
똑같은 소리 아닌데
화음으로 어울려
내 귀에
개골개골 소리만 들린다

물속에 눈만 붙은 올챙이 알이
투명한 주머니 속에 들어 있다가
자연 부화되어 꼬리가 나고
앞뒤 발 발달할수록
꼬리는 짧아지고
땅에 올라오면 어떠한 위험이 닥쳐도
절대 옆으로 가지 않고
앞만 보고 뛴다

사람은 다르다 사방으로 간다
각자 삶도 다르다
자기만의 삼독*에 취해
높고 좋은 자리 찾아 든다
남이야 죽든 말든 배만 채우면 되니
어쩌면 좋을까?

너무 빨리 변한 경제 민주 병 탓인가
소리도 틀리고 리듬도 틀린
밤낮 사욕에 취해
올챙이 시절을 모르고
몸 낮출 줄 알고 믿음 가는
정치인이면 얼마나 좋으랴

* 삼독 : 사람의 착한 마음을 해치는 세 가지 번뇌.
욕심(貪), 성냄(嗔), 어리석음(痴) 따위를 독에 비유하여 이르는 말.

민들레

빵집 앞
구수한 냄새가 난다
보도블록 틈새
예쁘고 노란 민들레
납작 엎드려 피었다

오가는 사람
발길에 밟혀도
외롭게 웃고 있다

내가
너의 말동무 되어 주려 해도
너는 말없이
빵만 먹고 있구나

제2부

마음이 부자

마음이 부자

누구나 부자가 되고 싶다
노력해서가 아니고
사기 치고
부정하게 하는 인간들

정치인 재력가
욕심이 과하면
화를 재촉하는 법

남에게 빌리지 않고
빌려줄 돈도 없으니

있으면 있는 대로
없으면 없는 대로
재물에 쪼들림 없고

내 마음 솔론*보다
행복한 마음의 부자

*솔론 : 희랍의 7현인의 한 사람. 전설의 비가시(悲歌詩).

만날까 싶어

그를 손잡고
만날까 하여
십 리 황금 들녘
벼이삭 가까이
스치는 소리에

가을 논길 멀리
찬이슬 맞으며
아무리 가도
그가 오는 모습
보이질 않고

행여나 나타날까
황금벌판
이제 와 보니

멀리 떠난
그녀와 손잡던
아련한 노스탤지어
그리워한들

텅 빈 가슴만 스린
흘러간 꿈인걸
가을에 만난 여인은
추억을 남기고
노오란 낙엽
밟으며 이별하는
슬픈 전설이 있다

매미

편백 숲 파고드는 햇살
매암이 목청을 낸다
경망스럽게

詩吾知 詩吾知
詩吾 詩吾
詩 詩詩-詩--

메아리 땀 되어
흘러가구나

동쪽 산허리 푸른
매암이 서당(書堂)에서
책 읽는 소리

매실

언젠가 드라마에서
허준 선생 방영
매실이 명약이라고

농촌에서 많은
매실을 심었다

얼마나
오래 살고 건강할지
한두 포기지

상품으로 팔려고
산이나 밭 비알
대량으로 심어

과잉 생산으로
더위에 일손 모자라
생고생들 하네

매실가 홍쌍리

섬진강
타고 내린 맑은 물
천년 굽이굽이
하얀 매화꽃 홍쌍리

지천에 매화꽃
수없이 쌓인 흰 눈송이
매실액 이천 개 담긴 독
영호남 엮어준다

지리산 심연 곡 흘러 굴러
산산이 조각난 뼛가루 되어
모래톱 이룬 섬진강 백사장
남도대로 영호남 이어진 다리

화계장터
쌍계사 벚꽃 10리 길
화엄사로 가는 길목
하얀 목련이
손 흔들어 준다

매화 축제

지난해 낯익은 얼굴
반가움에 안고
요란한 스피커 유행가
정겨운 몸놀림 잘도 흔든다

온몸 비틀고
하늘 땅 찌르며
관광버스 발통
고속도로 위에 펄쩍펄쩍

늙었다 말하면
아니 아직
청춘이라고 말한다
아니라고 말하면
나도 한때 그렇게 말했지
당신처럼 말이야

스쳐가는 인생
피할 수 없어
노래 한가슴 안고
갈 때까지 가보자
놀지 못하는 광대야

먹지 못하는 알

알은 다 먹을 수 있다지
콩알 깨알 조류 알은 먹어도
먹을 수 없는
복어 알과 총알

가난이 무슨 죄냐
콩 볶듯 튀는 가마솥
총알받이 마중 나간
2억 만 리 월남 땅

고엽으로 망가진 몸
흘린 피와 땀 얼마냐
그래도 오늘 살아 있으니
65년 어제 같은데

조국의 발전 초석된 늙은이
20대 먹지 못할 총알
망가지고 폐품된 오늘날

젊은이들이여
배고프고 검정 고무신…
청바지 시대
누구의 덕인가?

목련

봄이 목련 꽃을 물고
하얀 자태 뽐내며
뜰에 찾아왔구나

어제 내린 비바람
잎이 나기도 전에
순결하고도 정조한 너
떨어지는 모습 슬프다

얼마나 울었는지
짓밟힌 멍든 꽃잎
한없이 서러워라

그리도 빨리 갈 줄 알았다면
오지나 말지
춘풍은 야속히 버려두고
떠나는 정도 하나 없을까

명랑한 안내

내 차 안에는 항상 아름다운 아가씨 목소리
운전대 앞에서 길을 자세히 안내한다
운전하는 모든 사람에게

여 비서를 곁에 두고 운전하는 것같이
친절하게 길을 안내하고
길을 잘못 들어도 화도 내지 않고
돌아가게 안내해준다

위성에서 차량까지 과학의 기술도 감탄하고
요즈음 집사람 말 잘 안 듣고
안내양 말 잘 안 듣고 하면 살기 어렵다

나날이 변하고 새로 생기는 도로
잘못 가면 큰일 난다
참 살기 좋은 세상

우리 말 두고 하필이면
왜 '내비게이션'이란 외래어를 쓸까?
'길 도우미'로 하면 번거로워서일까?
'블랙박스'도 '자동차 지킴이'면 어떨꼬?

너무 많은 외래어 우리 주위 병든 언어들
잠식되어 가는 우리 말 답답하다
간판 옷 화장품 의식주 모두가 외래어
우리 글 두고 외래어 사용하면 고상한 건가

무아정(無我亭)*

하동역 지나 청암면
자동차 운전 연습하듯
꼬불꼬불 2차선 도로
산모퉁이 돌고 돌아
청암호 오르막 길 따라
무아정 찾아간다

자연림 깊은 골
입 벌린 조개
뿜어낸 물소리가
지나온 내 삶 같다

청학동
무아정 운영자
만나긴 했으나
조용히 살려고

인터넷 신문이
많은 사람 불러
세상인심 공짜라면
양잿물도 먹는다고

운영난 어려워
접어야 했던 심정

무아정(無我亭)은 없다
서운한 발길 옮기니
짊어진 지리산이
왜 이리 무거울까

* 무아정(無我亭) : 지리산 청학동에 있는 모두가 주인인 '주인 없는 집'. 절 같은 한옥 건물 두 채에 6개의 방이 있는데 무료로 침식이 제공되었다.

물안개

소나무로 자란 후
온몸은 쇠톱에 잘리고
대패질 당해
배로 태어났다

잔잔한 호수 물결
더위에 떠밀려
긴 한숨 물결은
물안개 꽃으로
호수를 감싸고

어부를 기다리는
목선 한 척 안개에 밀려
대나무 그물 바지랑대
뱃전에 길게 누워
외로운 침묵이 흐른다

물가에 헐벗은 나무
넓은 습지 철새들 자맥질
자연 유산 철새 보호지역
배는 나뭇잎처럼 떠 있다

주남저수지
돌아보는 순간순간
무심히 보이는 것을
여미는 묵상
가슴 저린 눈으로 밝혀보았다

밤 기둥

가로등 불 외롭다
아무도 오가지 않는
밤거리
밝은 불 큰 눈 뜨고
외로이 서 있네

밤의 전령사
띄엄띄엄 서 있는 전주
처량하기만 하다

여울물 속
불빛이 빠져
바동거리고

혼자 생존하는 밤
아직 살아 있다는
물 흐름 소리

밤

수많은 영혼이 우글거리는
질기고도 질긴 밤이 야속하다
이 밤 몇 년이고
천년보다 길고 긴

찰나 뛰노는 영혼의 순간들
까만 어둠이 회색으로 퇴색하는
별들의 소음 둔탁한 수은 먼지

씽씽한 나무 하나도 없고
검은 가지 사이로 석양을 본다
길들인 줄기가
여생을 칭칭 감고 가네

밤을 찾아온 손님

찬란한 카페거리
여울물에 빠져
허우적대는
각색의 조명등 불빛

은하수마저 잠든 밤에
가로등 불빛 외로이
비를 맞으며 떨고 있다

창문을 두드리다 지친
옛 사랑의 원망으로
밤새 흘린 흙탕 눈물이
개울을 떠나지 못하고

적막만이 깊게 나리는 밤
이명 소리 괴롭다
공포에 시달린 죄인처럼

잠 못 이루는 꿈속을 뒤척이고
이 밤 왜 이리 길고 길까
천지가 잠든 밤 한 편의 시를 쓰다

벌초(伐草)

북망산천 가는 길
촘촘한 공동묘지
둥근 반달 모양
세월의 돌봄이 없어
비바람 버려진 봉분

칡넝쿨 억새풀 뒤엉켜
예초기 소리 한 번
듣지 못한 채
얼마나 서러울까?

집도 여러 가지
죽어서도 빈부의 차
깜깜한 무덤 속
백골만 빛나서

언제 무연고 팻말이 붙어
원치 않은 이사를 갈지

굴참나무 숲 한가운데
답답한 가슴 짓눌린
후손들이 그립다

별일 아니다

빌려 쓰다 돌려주고 간다는 것
또 다른 우주 기행
둥지 찾은 영혼들의 발걸음

껍데기 남은 재선충 걸린 소나무
공생 · 공존하다 자빠진
영(靈)은 육신을 배반하고 떠났네

백 년도 살지 못하는 어리석음
초록은 붉은색으로 변하고
미친 척 뛰어온 삶

잘한 일인지 못한 일인지
나 잘 모르겠다

봄날은 간다

엇그제 나목이
춘풍 밀어내고

빠르고 빠른 세월
꽃눈 내리네

뒤이은 녹색 바람
산천 물들이고

깔아준 융단 밟으며
푸른 냇물 흐른다

부끄러운 거짓

초등학교 6학년
직접 제자가 아닌 간접 제자
순진하고 연약해 보이는
그 학생에게 애정이 갔다

그곳 학교를 떠나
한동안 소식도 모르게 생활을 하다 보니
초등학교 동창회 초대되어 소식을 들었다
대학 재학 중 맹장 수술을 받다
의료진 실수로

하반신 1급 지체장애 되었다는 소식
허물 벗은 구렁이처럼 정신이 멍해져
바로 그 학생 집으로 갔다

49년이란 세월
나는 정신장애 1급 바보였다
가는 곳마다 가슴을 열지 않고
나는 거짓말로 살아왔다

무능한 선생의 삶
부끄럽다
오늘밤 전화를 한다

어머니는 치매 제자는 지체장애
선생은 정신장애
어찌 할꼬 어찌 할꼬 현기의 생활
어찌해야 좋을까

불볕

거미줄 조는 아침
햇볕에 타는 초록 잎
구슬땀을 흘린다
울다 지친 매미
목이 쉬어
知-知知 맴맴 詩吾知*
새들도 기운 빠져
억지로 운다
꿩이 날다람쥐에 잡혔는지
비명 지르고
아침 햇살은
아무렇지도 않은 듯
오늘도 대지를 볶는다
아침 풀숲에 대롱대롱
이마에 맺힌 구슬땀
보석처럼 빛나고
미지근한 바람이
파도처럼 밀려온다

* 知-知知 맴맴 詩吾知 : 알지 알지 안다 나는 시를 안다.

개울

봄 진달래 산수유
여름 장미 아까시아

가을 국화
겨울 동백

세상에서 가장 사랑하는
어머니 눈물이 흐르네

내 앉은 자리…

산정의 초대

— 김해 수남27회 제자들에게

연분홍 호접 난 화분
먼저 눈에 들어온다
붉은 리본

소중한 인연 감사드립니다
선생님 사랑합니다
자식 같은 제자들
끊어진 마음 이제 만나

흘러간 세월 주워 모아
아련한 기억 되새기며
어린 모습 40년 흘러 찾아준
늦게나마 만나는 그리움 있어
밤잠을 설쳤다

중년이 될 때까지
살아가기 바쁜 그들
되돌아볼 시간 없이 살아온
그리운 얼굴들 그리움

술잔에 담아
세월 한잔 마시니
찾아준 고마운 마음
눈가에 이슬이 맺힌다

빗물 인생

우주를 떠돌다
빗물로 태어나
허공을 헤집고
낙수(落水)를 한다
홀로 살아온 인생을
뒤돌아보며

나뭇잎 부딪히는 소리
사랑으로 타 내리건만
잎은 고통을 참다못해
울음을 터트리네

자연으로 찾아 가는
생로병사(生老病死) 이치
자연의 순리를
누가 거스를까?

제3부

삶

삶

생각은
말을 하고
말은 행동으로 옮긴다
말은
씨가 되고
독이 되고

사랑과 행복
불행 모두가 말
탐욕은
갖고 싶은
한없는 욕구

충족은
화가 따른다
전쟁
굶주린 이리
영토 확장

인간은
추악한 아귀다툼 속
모두가 말 때문에

삶을 내려 본다

내려 보니 개울물 세월이 흘러
멀리 굴암산 눈앞에 서 있고
많은 아파트 거칠게 숨을 쉰다

수변 길 걷고 운동하는 사람
오리 몇 마리 자맥질 보며
겨울맞이 부지런히 걸어간다

사방이 둘러싸인 산이요
교통 편리하고 공기 좋으니
이곳 살 만한 곳 김해 율하

새 연교

나룻배 바다를 밀고
파도와 힘겨루기 하는
물새들 보금자리

억새는 바람 따라
출렁출렁
작은 새 무리 물 위로
솟구치고

새 섬 억새풀이 많다 하여
풀(새) 섬이라고
초가를 덮어씌운 집
새 섬과 천지연 연결
돛단배 모형 새연교
아름다운 조형미

천지연 폭포 뒤로 두고
멀리멀리 밀려갈 듯
순로 둘레길 도는 기분
아름다운 서귀포

서해바다 증도 1

증도의 바다는 붉은 파문이 인다
하얀 모래사장이 서해의 뼛가루로 멍든
푸른 물이 울다 울다 조각조각의 파편이
바스락거린다

멀리 가까이 서해 섬들이
지도 병풍도 자운도 암태도 모두가
찢긴 상처에 피 가루로 곪아 터진다

증도의 길은 멀고 멀다
며칠을 두고 두고 벼르다
찾아간 증도

환히 트인 도로 덕분에
하루 일 마친 염전 아저씨 따라
아름다움에 취한 붉은 일몰로
나는 서해 바다에 빠져버린다

서해바다 증도 2

한 알의 소금
갈매기 날개 같은 양철집
슬퍼하지도 않는 증도
기쁘지도 않는 염전 물막이

하얀 가루가 울음이 되어
알알이 결정된 상처 땀으로 맺혀
뜨거운 하늘만 믿고 자연에 감사하며
간만의 조수만 기다리는 바둑판

염부의 손에 끌려 다닌 당그래 손질
서해 바닷물이 모인다
미네랄이 밀려오고
하얀 소금으로 돌아온다

세상모르고

불타는 가슴
어이 하리
막내로 태어나
엄마의 사랑받고
멋대로 살아왔다
멀리 큰형네도
원수 같은 이웃
위에도 칼
옆에도 칼
어쩌잔 말인가?
핵도 만들고
스텔스기 항공모함
주위는 이리 떼
보리 죽에서 라면
끼니 콩죽을 먹은
지난날을…
벌써 잊었니?
답답한 세월아

선유정

어느 신선이 놀다 갔을까?
하늘 아래 황토 집
대추 주저리 주저리 열리고

비에 젖은 한티재 적송이 부른다
갖가지 식용작물 손끝에 사랑 묻어
태풍도 피해 가고 구름도 놀다 간다

팔공산 치마폭 별 꽃이 쏟아지는
제2석굴 가는 길옆 선유정에 쉬다 가렴
선유정에 놀다 가렴

세월에 쫓기어

도망치는 놈
무슨 재주로 내가 잡아

따라가다 보니
나도 힘이 빠졌는데

뭔지 모르고
지향 없이 가다 그린 그림

충화(蟲畵)
줄을 그려 놓았습니다

세월의 끝자락

그대 어떤 죄를 지었기에
죽자 살자 도망을 치나

나는 아무것도 모르고
덩달아
그대 뒤만 보고 숨을 헐떡이며
막 쫓아가는데

뛰어가다 뛰어가다 바라보니
거의 온 것 같은데도

그래도 그대는 더 빨리 달아나고
아무리 쫓아가도 붙잡지 못해

이젠 지쳐서
휘청거리는 다리 말을 듣지 않는구려

송운대사

중생을 구하시고
순수한 영혼으로
나라를 구하신
고귀한 업적
숨겨진 숭고한 역사
말할 수 없는 소인이
어찌
대사님의 함자를
함부로 말할 수 있습니까
어둠의 밤을
깨어나게 하시고
찬란한 빛을 내리신 님
미래는 눈부신 미륵 부처님
나라가 어려울 때
홍제사* 비각에
땀까지 흘리시고
걱정하신
현세의 삼장법사보다 높으신
국사이신 유정대사님

*홍제사 : 경남 밀양시 무안면 무안리 903 소재.

되찾은 지갑

구포역에서 잃어버린 지갑
부산역에서 3일 만에 찾았다

현금은 당해도

어찌 되었든
만감(萬感)이 교차(交叉)한다

소쩍새

밤 늦게 우는 소쩍새
무슨 사연이 있기에

별도 없는 밤
피 맺힌 목소리로

밤 깊도록 기다리는
임을 찾는 소리

신발장 기다림

축담 위 처마 밑에
어지럽게 놓인 고무신

노모 신
마누라 신
첫딸 신발부터
막내딸 신발까지 문수 다른
열두 켤레 여자 고무신

머스마 신 한 켤레 있었으면
얼마나 좋으랴
복장 터질 아빠의 하소연

0형의 삶

눈을 감는 순간부터 죽음이다
죽어보려고 한적한 곳을 찾는다

7층에서 1층 계단까지
죽을 장소가 없다

층계마다 터질 것 같은 머리잡고
떠내려가는 하얀 은하수 빛깔

참 죽기도 어렵다
듣지 말라고 귓속 매미는
밤 가는 줄 모르고 울어대니

아침 달

11동 아파트 위에
달이 앉아
무거운
신음 소리 낸다

이지러진 모습
아파트 꼭대기서
나를 붙잡고

아침 해에 떠밀려
어쩔 수 없이
서서히 자리를 뜬다

앞에 오는 바람

누군가 걸어온다
알 듯한
사람 같은데
인사를 할지 말지
안 할지 할지?
다가오는 모습
딱 보면 안다
머리가 딴 데로 간다
눈을 맞추지 않고
그래
오는 모습만 봐도
안다
그는
먼 산을 본다
구름을 본다
오는 모습도
눈에 힘 풀려
개울 속에 빠진다
그의 눈에는
속죄도 사죄도 없이
못 본 체 지나친다

무궁화

새마을 KTX 밀려 풀죽은
완행열차가 되었다

한때 고속열차로 달릴 때
증기 기관차의 우사인 볼트

대구역 승강장 17시 5분발
안내 방송 25분 연착
스피커 순간순간 흘러나온다

부산행 빠른 시간표가
그도 입석 역마다 정차
다리 절고 가는 무궁화

서울발 부산행 완행열차
무궁화 역마다 꽃이 피었다

약수터

오랜 가뭄더위
생 몸살이 난다

찬물 샘의 호스
물도 줄어들고

원체 무더우니
나뭇잎 시들시들

매일 가는 약수터
얼마나 더웠으면

탈색한 새끼 줄
먼저 와
똬리 틀고 있다

물 마실 차례 알고
스르르 비켜 주네

바가지 가득 채운
시원한 물 마시니

천하(天下)를 얻은 기분

어둠 속 피는 억새

찌푸린 날씨 세월 잘도 간다
아무도 반기는 이 없는데
내 머리 하얀 억새꽃 만발하고

오색찬란했던 가로수도
어쩔 수 없이 변하는 계절
줄줄이 나목으로 걸어온다

어머니

무더운 여름 논밭 지심 뽑으랴
목화 따시고 흐르는 땀 냇물 되어
마른 땅 스며들어 개울물 됩니다

겨울밤 아주까리 등잔불 아래
물레 돌리시며 실을 뽑으시던 어머님
방직 공장 원조

실의 길이가 지구를 몇 바퀴 돌고 돌아도
길고긴 겨울밤을 베틀에 앉아
베를 짜던 어머니 모습 아롱거려요

마을 초가집 집집마다 등잔불 밝히고
길쌈하는 밤의 적막을 깨우는 방망이 소리
난타공연을 무색게 할 동네 한밤의 울림이

첫닭이 울기 전 눈을 붙이는 둥 마는 둥
한밤을 지새우던 때가 불과 60년 세월
길다면 길고 짧다면 짧은 찰나로

밤새 무명옷 손질 검은 밤 시달린 흔적
이제야 철든 소자 가슴이 메어집니다
검정 물들인 무명 옷 입고 초등학교 갈 때

어머니의 손등은 터져 갈라지고
어린 동생 대자리에 잠재우던 그때가
엊그제 같은데 세월 너무 변하여

어머님 좀 더 살아 계셨다면
참 좋은 세상 효도 한 번 못한 자식
이 밤 어머니 그리며 웁니다

어째서

유전(有錢) 무죄고
무전(無錢) 유죈가?
대한민국 법(法)
입법부가 이 모양이니
이 나라꼴 어디로 갈까?
서로 타협하고
국가 손익을 손잡고
일해야지 이익만 챙기는
자기네들
내가 뽑은 국회의원
유랑극단 배우 줄타기로
재롱부리니
국가와 국민을 위하기보다
여차하면 국민을 어쩌고저쩌고
국민이 장난감인가?
가슴이 터질 것 같다
어떤 년 놈을 믿을까
우파 좌파 진보 대파 양파 쪽파
진절머리 나는 당파 싸움
역사 공부 좀 하지
대한민국 이래도 되나?
어찌하여 우 좌 물고 뜯고

눈 뜨면 뉴스마다 데모 천지요
우리의 앞날을 위해
부끄럽지 않은 대한민국
국민이야 죽든 살든
제발 싸우지들 말고
부탁해요
나라를 위해 일해주시오

여름

올여름은
유난히도
독이 오를 대로 오른
태양열
땡초보다 매운
땀이 마를 날 없는
건식사우나
나뭇가지에 달라붙어
노래하는
매미가 부럽다
아스팔트
지글지글 끓여
땅속 지렁이 참다못해
포장 위에 자살을 한다
수많은 영혼이 남기고 간 시신
개미 떼 줄지은 조문객의 위로
시신을 메고 가는 상여꾼 소리
풍년 농사 창고를 채운다
무더위 생(生)과 사(死) 다른 길
무지한 인간들 편리함 원망하며
귀뚜라미 소리 얼마나 그리워할까

약봉지

하늘과 땅 사이
작은 벌레 한 마리

꼬물꼬물

산길 들길 다니다
부족한 오일

마디마디
소리가 나고

무리한 운행
망가진 부품

가다 지치면
쉬어나 가지

아무리 가도 가도
하늘과 땅 사이

애절한 바람
적으로 하네

여명의 오솔길

노을에 기댄 해가
달을 따라간다
새벽을 여는
산비둘기 소리
산울림 되어
녹아내린다

달이 먼저 가고
해가 따라온다
세월의 뒤바뀜
해와 달이
숨바꼭질하는 동안
그럭저럭 계절이
철 따라 가네

삶의 여정 속
푸른 솔향기
어느덧
지난 그리움이
솔바람에 녹아

종심 지난
몸과 마음
단풍 들어 떨어지고
으슥한 새벽
달만 보고 서 있다

욕 보따리

무엇이 들어 있는지
만나서 풀어 보아야지
어떠한 인연이라도
이쪽저쪽 깊은 연 있어
억만 겁 엮어진 게 아닌가?
각원사
상념이 다른 만남
아담한 단청 사찰
각원스님이 맞아준다
글과 스님의 풍기는 모습
순수하고 참 인간적이다
무작정 하는 욕이 아니라
욕에도 이치와 진리 순서가
생각과는 다르다
시인이었기에
진실과 바른말은 한다
스님과 대화 속 감명
절집 옆
장독대에서 읽을 수 있었다
내면을 열어주는 각원스님

절 입구 계단
'아는 것이 없습니다.
아무것도 묻지 마시고
바람 소리 벗 삼아
물이나 한잔 드십시오'
라고 쓴 글 인상적이다

용호놀이*

둥둥 힘찬 북소리
동서부로 나뉜 사람
눈빛이 다르다

영차 영차 흰 옷의 장정
한 동작 한 동작마다
꿈틀대는 용틀임

튀어나온 근육
천왕 반야 삼신 형제봉
치열한 줄 다루기

온몸 타고 내리는 물
뱀사 피아 칠선 계곡
흐르는 물이 된다

승부 끝나
동 · 서 함께
막걸리에 농악
한 해 풍년 기원하네

* 용호놀이 : 밀양시 무안면 정월대보름 행사. 오랜 전통으로 이어져 오고 있다.

제4부

우물 속 개구리

우물 속 개구리

개구리 소리가
각각 다르다
엄마 부르는 소리
아빠 부르는 소리
아들 딸 찾는 소리
구애하는 소리
술 먹으러 밥 먹으러
함께 떠들어대니
소리의 고저(高低)가
조용한 산골에
화음이 어울리다
내 귀에는
개골개골 소리뿐
어둠 속
한 목소리 세상사 소리

우편함

매일 오가며 눈이 돌아가고
손이 가는 입구 우편함
날마다 좋은 소식 오려나
왠지 기다려진다

군대 간 자식
첫 편지 기다리는 마음
기쁜 소식
아무것도 없는 함 허전하기에

문학잡지나
아파트 관리 고지서도 좋다
불필요한 전단지보다
책이 들어 있으면 더욱 좋다

뭐랄까
빈손으로 돌아설 때
꼭 무엇을 잊어버리고
두고 온 텅 빈 가슴

운해(雲海)

산이여 산이여
개미길 전망대 올라
땀 닦으며
거가대교 바라본다

섬 사이사이 걸친
그림 같은 교각
섬과 섬을 엮어
오고 싶어도
산으로 올 수 없는
천가면 부속 섬
손에 잡힌다

삼포인 하나 웅천
파도 소리에 놀라
운무에 막힌 해안선
봄도 추워라 추워

아련히
네 모습 닮은 수련
너 가는데
산새만 우는구나

유화(柳花)

인생은
수양버들 꽃씨
안착할지도 모르고
바람 부는 대로 떠다니다

지향 없이 가다 내려앉는
고난의 곡절 속에
재촉된 발걸음으로

떠나온 그리움
아쉬운 푸념 속으로 내려앉자
다소곳이 자리를 잡네

은하계

답답한 지구
온도 때문에
숨을 몰아쉬고 있다

생물은 죽는지 사는지
호흡을 거칠게 한다
반쪽 손톱 달 멍이 들고

인간은 육식 해식 채식
죽을 것만 찾아
호흡하기 어려운 매연이
숨통을 막는다

지구는 목메어 울고
내려오기 싫은 눈은
빙빙 돌다 자취를 감춘다

인생(人生)

수십 년 공짜로 보냈다
고향에서 나설 때
왕복 차표 예약 없이

살다보니
산전수전 다 겪어
고향으로 돌아갈 때
차표 없이 가는데

뭐
그리 바쁘게 설치나
삼독에 빠져
빈손으로 갈 것을

잊어버린 기억

— 김해 수남 25회 제자들에게

찬바람 율하천 개울 타고 얼음 얼린다
오늘 저녁 허공에 유난히 밝은 별 하나
누굴 기다릴까 바람도 찬데 김훈환 군

꿈을 심은 42년 되새김 제자 열 명
그들 삶의 세파에 변한 모습들
높이 뜬 별빛처럼 빤작인다

오랜만에 만나는 얼굴이라도
스스럼없이 가시나 머스마 소리
잘들 살았다 건강을 위한 건배

소란한 각자 이야기 터져 나온다
술잔 가득 담은 개구쟁이 추억담
즐거운 밤 웃음을 방 안 가득 토한다

냇물 멈춰진 세월 잡아놓고
내일은 없다 마음 끝 웃어라
찬 겨울 봄바람 녹듯

고맙고 행복하고 사랑한다
오늘처럼 무시로 만나 아쉬워도
따듯한 회포나 풀어보자

장날의 그리움

기다려지던 시절
요즈음 말로 재래시장
어려웠던 오일장

검정 고무신 신고
아버님 따라
십 리도 더 되는 자갈길
왜 그리 멀고 먼지

요행히 일요일 장이 열리면
우(牛)시장 한쪽
큰 가마솥 김 무럭무럭
배고파 소리 없이 넘어가는 침

펄펄 끓는 돼지국밥의 유혹
한 툭사발 돼지국밥 국물은
막걸리 한 사발 드신 아버지
알고기 자식 먹이려 올려주고

그 마음도 모르고
한 그릇 홀딱 해치운 철없는 놈
무더운 여름 저만치

자식을 보고 웃고 계신 아버지

아련한 시골장터 돼지국밥
검은 가마솥 눈물 어린다
오늘 3일 8일 오일장 열리는 날
돼지국밥 한 툭사발 추억을 먹는다

재즈 페스티벌

구름 없는 고요한 밤하늘
반달 달빛도 중천에서
재즈 감상하느라 서 있다

시원한 바람 불어오는
잘 가꾸어진 공원
곤양만 바다를 껴안은 공연장
곤양의 명물이네

세계적인 재즈 음악가
여름밤 하늘 메아리 치고

까만 가슴 멍들인 적조
시름겨운 어부
빛바랜 파도가
가슴 아프게 밀려오는데

가끔 밤손님 찾기는 해도
음악에 취해 날아가구나

황홀한 조명 불빛
멀리 사천대교 밤별이
작은 섬 바다에 내려 춤춘다

조류독감

어릴 적 잠 못 이루고 기다려지던
설날
아련한 떡가래 침 삼키며
몰래 훔쳐 먹던 추억의 맛

오늘 달갑지 않게
기다려지지 않은 이유 뭘까
옛 전통 그리워함이

전국을 뒤집어 놓은 조류 독감
몇 개월 남은 지방선거
손등과 손바닥 다른 한 몸 파벌

전국을 뒤집고
천 날 시끄러운 나날들
병원 균 번진 떼죽음 조류

어찌 막으랴 누굴 탓하고
날아다니는 철새 연중행사
길을 막고 소독하는

철새 도래지 양계장 오리 농장
안개처럼 뿜어내는 소독약

정월 보름

큰 박
하늘에 표류하며
기우뚱거린다

검은 파도 속
머리를 내밀어
지구인의 희망을

지난해 때를 씻은
맑은 미소
콩 볶아먹던 달집에
소원을 빌었다

밝은 달
구름에 싸여
자주 숨는다

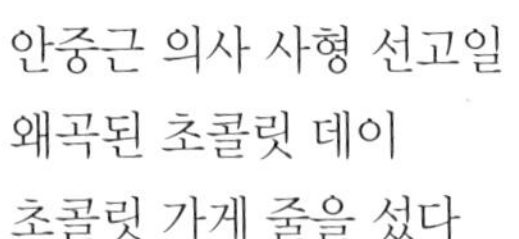

안중근 의사 사형 선고일
왜곡된 초콜릿 데이
초콜릿 가게 줄을 섰다

남북 이산가족 합의되고
통일의 단추 잘 끼워
올 정월 한 번 더 믿어보자

제주에는 사계절이 없다

서귀포 봄꽃 피고
비양도 여름 백사장
수악 계곡 푸른 숲
길가 노란 가을 밀감
한라산 겨울 하얀 눈
사계절 하루에 본다

말 등에 올라탄 젊은 연인
머리카락 날리고
마라도에서 불어오는 바람
봄이로구나 봄

송악산 둘레길 돌아
눈앞에 가파도 손 잡힐 듯
청 보리 물결 파도에 밀려와
한라산 백록 놀라게 하네

정자항에 모여

어둠 밀려오는
울산 정자항
거꾸로 서 있는
아름다운 불빛

장미꽃 같은
환한 웃음
사촌들
마음이 향기롭다

숨 돌릴 틈도 없이
살아온 그들
마음 끝 밀려오는 말
파도와 나누고

누가 우리처럼
네온 불 물에 빠져
일어날 줄 모르고
두고두고 나누지 못한

서럽고 좋았던 이야기
밤이 다 가도록 나누자
내일 아침 담장 아래
노란 민들레꽃 필 때까지

한증막 바람

고속 열차 헐떡이고
개망초 라일락 고개 흔든다

찜질방 바람
천안 아산 역 교각 밑 차고

짜증난 개들
혓바닥이 탄다

더운 바람 찬 바람이든
다리 아래가 명당이로구나

주상절리

태평양 거센 물결
창파를 헤치고
넉넉한 가슴으로
하늘빛 헤아리는
검게 탄 나무 기둥
바다에 박혀 있다

정교한 자연의 힘
신비의 작품이어라
옥색 바다 포말 이루고
파도야 오너라
겨루어보자
기둥은 까딱 않고
부서진 파도 신음소리

손색없는 자연 유산
예술의 극치라
조물주의 훌륭한 작품
노략질 막으려
바다에 성을 쌓아
주상절리 만들었나?
발길 돌린 아쉬움 남고
언제 또 여기 올까
주상절리에…

죽전골의 밤(竹田谷의 夜)

창 너머
하늘 보석
별들이 내려 본다

가마득한 날
여명이 밝기 전
시골 닭 우는 소리

어머니
보리쌀 씻으러
동네 우물가로
어둠을 이고 가실 때

첫닭 울음
시간을 알렸지

오랜만에
별 보고
벼 익는
구수한 내음

멀리 개 짖는 소리
두 번째 닭 우네
동 트는 노을
와불 산머리에 붉게 떠오르다

* 창원시 진북면 남산리 대밭골 일죽 김병수 시인 불매정에서.

지도와 증도

보이는 것은 붉은 황토
눈에 익은 양배추 양파
농토는 붉은 황토밭 고구마

바다는 흙빛 물만 보이고
우중충한 바다 섬만 떠 있다
벗어나고픈 섬 육지가 그리워

고희 넘어가는 붉은 노을
온통 붉은 빛이더라
가슴에 적셔오는 섬마을 밤도

수줍은 말투와 흐릿한 썰물
다소곳이 밀려갔다 밀려오는
불후(不朽)*의 가슴 파고들다

* 불후(不朽) : 썩어 없어지지 않음.

창밖의 달

눈 뜨니
긴긴밤 스친 찬 바람
따라온 여의도
달빛 소나타

오밤중 창문을 열고
시리고 아픈 달빛이
슬픈 눈으로

빤한 얼굴 내리며
중천 외로운 모습
처량하게 보이네

올해도 한 달 열흘
할 수 없이 끌려 다니다
울고 가는 저 달

남은 날 얼마나 싸울지
시끄러운 의사당
새벽달이 걱정한다

분주한 날들
추운 날 풀리듯
좋은 일 있었으면

처서

찌는 듯 무더운
여름의 횡포
가슴에 안겨오는
가을바람 행진곡

시끄러워 잠 설쳤다는
귀뚜라미 노랫소리
어둠도 잊은 채
밤새 자장가 불러준다

시끄러움보다
노래가 좋다
오랜만에 목청 터놓고
오늘 밤에도 노래 부를까?

과거를 마중 나간 초가집
흙벽을 오르내리며
희미한 등잔불 피하고
서럽게 울던 귀뚜라미 노래

청량사

오름길 급한 경사 길옆 바위에
주세붕 선생 시(詩) 발길 멈추고
육육봉(六六峰) 남은 노을
헉헉대는 숨소리

그림 같은 병풍산 아래
청량사 붉은 연등
웃으며 맞아준다

먼저 반가사유상 배알
천년 내린 물
해탈 수(水) 한 쪽박 마시고

대웅전 부처님 친견 후
땀 말린 맑은 산바람
어둡고 갈 길은 가마득한데

무엇을 생각할꼬 무엇을
발끝이 먼저 굽이길 돌아
금관가야로 돌아간다

* 경북 봉화 청량산 도립공원에서.

철책선의 구름

양구의 바람 구름 되어
철조망 지킴이
마음대로 넘나드는 남북 하늘
아군은 M16총으로
적을 겨누고
나를 쏘지 않았다
반짝이고 빛나는 눈
적의 초소 앞
AK총도 나를 쏘지 않았다
말없이 나를 반긴다
내가 사람으로 넘어 갔다면
어느 총탄에 맞아 죽었을 것
지뢰를 밟아도 터지지 않는다
무거운 발길 오성산 대성산을
마음대로 오고 간다
산은 나를 보고 한가롭게 서 있다
아직도 서로 총부리 겨누고 있고
철새도 넘나드는 철조망
나만 왔다 갔다 하는
무주공산
서럽고 애닳은 남과 북의 산야
피 묻은 수건을 흔들어본다

답답한 가슴 탄식을 하며
녹슨 철조망 철거되어
언제 푸른 산 넘나들까?
전쟁과 살육
스린 가슴을 쥐고
바람과 구름인 나는
가슴앓이하며 허공을 날고 있다

환상(幻想)

못 보니 보고 싶고
그대 보니 반갑다

눈 뜨면 멀리 떠나가고
눈 감으면 바로 앞에 있네

제5부

첫눈

첫눈

몰래 고양이 발걸음
검은 밤을
하얀 설국으로 만들어

홀로 잠든 밤
그대
소리 없이 찾아왔구나

추행

그녀의 젖가슴 움켜잡았다
놀란 그녀 따귀를 올렸다
깜짝 놀라 얼굴 가리고

추행한 가슴 피가 흘러
빗나간 손길
눈물을 뿌린다

놀라 잡아당긴
젖가슴
노오랗게 물든 단감이었다

춘란과 동침

적막이 내리는 밤
기와 등에 업혀
자장가 불러준다

그윽한 향기
방 안을 맴돌다
선 채로 잠이 들어

불(佛)자 액자 아래
밤새 좌선하는 난
고독한 밤의 향기

죽은 언어 창문에 기대어
개울가 홀로 서 있는
육각정 바라보는 영혼

도란도란 너와 나
봄바람 품에 안고
닻 잃은 배처럼
지향 없이 흘러간다

축제 천국

온 나라 방방곡곡
새벽부터 밤중까지
이름 모를 축제

봄 벚꽃 축제부터
겨울 빙어 축제까지
수없이 축제가 열린다

계절마다 수많은 축제
바가지, 환경 파괴 쓰레기
기분 나쁜 단골들

정치인은 제몫 챙기기
여야 싸움판 축제
민생은 뒷전
거미줄 같은 입법으로

모방 축제며
국민 혈세 낭비

축제 정비가 필요한데
적자투성이 축제
자치 단체장 생색내기

엉망진창인 양심으로
얼굴 알리기 재정 고갈
한심한 이 나라 도둑들

코스모스 2

아무리 좋아도
머리만 설레설레

어디에 기댈까?
맞다 맞아
틀린 말인가

바람 따라
구름 따라
계절의 채움

웃음 두고
옳은 말이면
끄떡이기나 해다오

태백

황지에 솟구친 물줄기
낙동강 칠백 리 길
굽이굽이 돌아 흘러

지쳐서 오다 보니
을숙도 하구언
바다를 만난다

삼각주 모래섬
갈대에 걸려
상존하게 되었다

기진맥진 지쳐
자빠진 몸통
만나 반갑다고
무서운 바다가

소금 물리고
누구랑 함께 행복을
가져다줄까
맞닿은 강과 바다

파리의 유언

손발이 닳도록 빌어
용서 받을 수 있다면

손에 피가 나도록 빌지
아무 소용없는 일

인간 세상에 나가서
잘못 걸리면

아침밥 잘 먹고 나가
물안개 맞으면

천둥소리와 함께 저승길
저녁에 못 볼 수 있으니

기다리지 마라 아들딸들아

투명한 유리컵

간장을 담으면 간장 색깔
막걸리
흙물
오염수
담는 대로 색깔 다르니

욕구
이기
질투
권력

인간도
맑고 깨끗한 마음 담아야
투명한 사회 되지 않을까?

풍어(風魚)

낙월정(洛月亭)에 가면
풍어가 있다

허공을 날아
지향 없이 가다

세월의 바람 불면
풍어의 여운

땡그랑땡그랑
누굴 기다릴까

흘러간 삶
소리를 듣는다

하얀 밤의 자유

바지는 서쪽
티는 북쪽
실내화 마음대로 뒹굴고
하루 종일 짓밟힌 양말은
나를 원망하고
머리 위 귤 3개
한심한 얼굴을 본다
밤새 휴대폰은 보초 서고
술 취한 나는 나대로
세상 흐리게 자빠져 잔다

팽목항의 눈물

맹골의 수심(水深)
얼마나 춥고 무서울까?
피어 보지도 못한 꽃봉오리
한 치 앞 볼 수 없는 흙탕물 속
답답한 가슴 부러진 손가락
이기심이 저지른 희생양이 되어
돈만 아는 파렴치범들의 소행이
얼마나 춥고 무서우냐?
맹골 세찬 흙탕물 바닥이
너들이 침몰한 바닷속이다
물살 거세기 이름 난 곳
국민을 위한 여의도의 개구리들
오늘도 너들을 물속에 둔 채 당파싸움
안일한 공무원들 밀착된 작태(作態)
돈의 연결고리 끊이지 않는다
불쌍한 너들만 희생시킨 돈과 권력이
오늘날의 현실이다
세월호 선장이란 놈은 제 살기 바빠
탑승객 내동댕이치고 달아나고
선원이란 놈들도 한자리 모여 탈출하니
부끄럽고 수치스럽다
세계가 바라보는 대한민국
가슴 답답할 뿐이고

애타는 부모 형제의 가슴은 썩어나고
탑승객은 어쩌란 말인가?
온 국민 아파하는 마음 그래도
애타게 돌아오기 기다리는 기원을
단원고 학생들 듣고 있느냐
붉은 해는 서산을 넘지 못하고
유속 빠르고 비바람도 세게 내일모레 온다니
부디 한 명이라도 살아올 수 있는
기적의 마지막 바람으로 기다리고 있단다
시신이라도 돌아오길
기다리는 애절하고 간절한 마음
바다만 바라보는 할아버지 뒷모습
가족들의 아픔을 아는지 모르는지
몰지각한 놈들의 이기심
어른들의 잘못을 용서하지 마라
원통하고 불쌍하다 불쌍하다
피어 보지도 못한 꽃
부디 좋은 곳으로 가고
더러운 세상에 태어나지 마라

*상상할 수 없이 슬픈 일이 일어났다. 다시는 이와 같은 일이 일어나지 않기를 바라는 마음으로 단원고 제주 여행에 희생된 학생 명복을 빌면서….

한밤의 천사들

늦은 오후 따스한 햇살 찾아들 때면
어린 고라니 새끼와 함께
병실 뒷산 양지쪽 놀다 간다

해 질 녘부터 하얀 가운 입은
반짝이는 눈동자 미소
지침도 잃지 않은 아름다움 있어

병실마다 불어오는 악취 마다않고
그들은 올빼미처럼 지새운 긴 밤
봉사하는 천사 같은 마음으로

그들 낮과 밤이 바뀐 삶을 살고 있다
한밤 몇 번이고 들락거리는 소녀의 발자국
손목을 잡고 혈압기 들이대는 꿈속의 고마움

그들도 사람인데 얼마나 스트레스 받을까
가슴이 아파도
짜증 낼 수 있나 아름다운 천사들이여

*2014년 1월 30일 부산보훈병원에서.

허공에 걸어둔 지구

만약의 생각인데
지구에
물과 공기가 없다면

산도 나무도
강도 바다도 없고

오늘날처럼 지구상에
핵도 전쟁도 없겠지

너도 나도
생물도 없고

차라리 고민 없는
무인 행성이
자유로이 떠다니다

무한의 공간에
상상하지 못할 영혼들이
빛 속에 살아갈까

혈투

순하고 순한 소가
받아치기 뿔 걸이
낭자한 피가 흐른다

부릅뜬 눈빛
링 가운데 흘린 땀
모래를 적신다

힘겨워 오줌 싼다
전해오는 민속놀이
사투를 벌인다

승자와 패자
패자는 울부짖고
승자는 위용을

잔인한 인간들
싸움을 붙여놓고
박수를 친다 박수

*김해 가락문화축제에서.

환자의 식단

마누라 식단 짜임
식탁 위엔
목장이다

시금치 상추 배추 과일
나는 토끼
마누라 소

메뚜기 먹다 간 뒤엔
나는 청소 당번
이렇게 살다보니

늦바람 난 개처럼
날만 새면
온 마을
설치고 다닌다

얼룩소 투병만
완치되면
목장인들 어떻고
어시장인들 어때…

희망 하나 좌운

몸이 망가질 때까지
거센 물속
얼마나 뒹굴다 왔나

산으로 태어났는데
개울 여울 굴러
몽돌 되어 조용한 서실

술과 떡 조촐한 행사
한 권의 시집 출간
행복의 집 축하드린다

고향별곡(故鄕別曲)

신라 가야 인접한 덕대산성(德大山城)
용입[龍口]에서 흘러내린 맑은 물
가재 피라미 미꾸라지 놀든 곳

거북같이 생긴 산세(山勢) 모양
얻어진 이름하여 구령(龜齡)이라
역사의 인물 춘정 선생 탄생하신

마을 앞 대지(大池) 막아 기름진 땅 이루어
살기 좋은 고장이 나의 안태 고향이라
고향의 내력을 소상히 알리려 함을

소구령(小龜齡) 대구령(大龜齡) 흙 내음 그리며
구산(龜山) 자락 여기 살리라

절망의 늪에서 들려오는 구도자의 목소리

— 박희익 제8시집 『물에 빠진 개구리』 해설

김 전(시인 · 평론가)

박희익의 제8시집 『물에 빠진 개구리』는 현실의 아픔과 자연의 아름다움을 서정적으로 노래하고 있다.

시의 효용을 어떤 기준으로 보느냐에 따라 평가의 잣대가 달라질 수밖에 없다. 문학은 독자들에게 감동을 주고 미적 쾌감을 북돋우는 데 그 목적이 있으며 시는 시적인 맛이 있어야 한다. 다시 말하면 시의 향기가 있어야 한다. 향기가 있는 시는 비유와 상징으로 형상화시킬 때 시적 미감을 맛볼 수 있다. 직설적인 언어 또는 일차적인 언어 자체만으로 시를 표현 한다면 향기가 없는 시가 되고 만다.

함축적인 언어로 형상화하여 새로움을 찾아내는 시인의 산고(産苦)가 있을 때 독자는 시의 광맥을 짚으면서 감동을 받을 수 있다고 본다. 현실의 삶을 무시하고 자연적인 아름다움만 묘사한다면 독자들에게 외면받는 시가 되고 말 것이다. 시는 시인의 영혼이 담겨져 있어야 한다. 이런 의미에서 본다면 박희익의 시는 시적 미감과 함께 현실의 아픔을 시로

승화시킨 작품이라고 할 수 있다.

어느 놈보다
어떤 놈보다
지독하고 강한 무기
온몸 경련이 일어난다

불알 하나
잘못 스치면
깊은 상처 벌어지는 입

당해보지 않은 사람
고통을 모른다
삶의 아픔 경험하지 못한

대추나무 가시 비명을…

—「고통」 전문

박희익의 시는 경험을 통해서 표출하고 있다. 고통 없는 삶이 어디 있으랴! 삶의 질곡을 넘기 위해선 항상 고통이라는 산이 우리를 기다리고 있다. 사람들은 얼마나 많은 상처를 타인에게 주는지 모른다. 오로지 당해 본 사람만이 아픔을 아는 법이다. 그의 진한 아픔은 시의 여러 작품에서 투영되고 있다. 사물을 보는 눈이 예사롭지가 않다. 다분히 교훈적인 시라고 볼 수 있다.

송전탑 시끄러운 소리

헬기 소음
온 나라가 시끄럽다

외지 사람 와서 부추기고
가까운 군에 방이 모자라는
웃기지 못할 경찰 잠자리

계절 따라 영글어지는
얼음골 달콤한 사과
한여름 에어컨 바람

사자 평 억새 보는 절경
충절과 예절의 고장
물 맑고 공기 좋은 땅

조용한 날 언제 오려나
안타까운 내 고향

방에 가면 매형 말이 옳고
부엌에 가면
누나 말이 옳으니

어찌해야 될지
남천 강물 가슴을 친다

—「고향이 시끄럽다」 전문

사람이 살다 보면 때로는 손해 볼 수도 있고 덕도 볼 수도 있다. 그러나 조그만 이익에 눈이 어두워 시끄러울 때가 많다. 위 시에서 보면 송전탑이 지나간다고 시끄러운 마을이 클로즈업 되고 있다.

우리 모두 전기가 없으면 하루도 살 수 없다. 그러나 내 집 앞으로 전선이 가는 것을 막으려고 한다. 이런 것을 님비 현상이라고 한다. 외지 사람들이 와서 부추기고 반대하고 있다. 그들은 무엇 때문에 일이 일어날 때마다 나타나서 시끄럽게 만들고 있나? 과연 누구를 위한 데모인가? 그걸 막기 위해 경찰들이 와서 방이 모자랄 지경으로 거주하고 있다는 것을 묘사하고 있다. 누구나 자기의 논리를 말하면 말 안 되는 것이 없다. 어느 쪽이든 들으면 모두가 맞는 말이다. 세상에 말 안 되는 것이 어디 있는가? 먼저 나라를 생각한다면 나의 양보가 필요하지 않을까? 그것이 선진국으로 가는 지름길이라고 본다.

올챙이 올챙이
개구리 아들 딸 올챙이
물 고인 웅덩이
선거 때마다
어디서 왔는지
늦게까지 울어댄다
열애하는 소리
가족 찾는 소리
똑같은 소리 아닌데
화음으로 어울려
내 귀에
개골개골 소리만 들린다

물속에 눈만 붙은 올챙이 알이
투명한 주머니 속에 들어 있다가
자연 부화되어 꼬리가 나고
앞뒤 발 발달할수록
꼬리는 짧아지고
땅에 올라오면 어떠한 위험이 닥쳐도
절대 옆으로 가지 않고
앞만 보고 뛴다

사람은 다르다 사방으로 간다
각자 삶도 다르다
자기만의 삼독에 취해
높고 좋은 자리 찾아 든다
남이야 죽든 말든 배만 채우면 되니
어쩌면 좋을까?

너무 빨리 변한 경제 민주 병 탓인가
소리도 틀리고 리듬도 틀린
밤낮 사욕에 취해
올챙이 시절을 모르고
몸 낮출 줄 알고 믿음 가는
정치인이면 얼마나 좋으랴

—「물에 빠진 개구리」 전문

위 작품도 현실에 대한 모습을 그대로 투영시키기고 있다. '개구리 올챙이 적 생각 못 한다.' 라는 말이 있다. 그리고 '처음으로 돌아가라.' 라는 말이 있다. 정치인들이 선거 때마다 울어대는 올챙이들의 소리들이 귀 아프게 들린다. 그리고 올챙이들이 자라면 옆으로 가지 않고 앞만 보고 바로 간다고 하였다. 사람은 사방으로 가면서 삼독에 빠져 좋은 자리 찾아들고 자기 배만 채우는 정치가들을 고발하고 있다. '올챙이 시절로 돌아가라' 고 강한 메시지를 보내기 위해 올챙이와 정치가를 대비시켜 놓았다.

시인의 눈에 비치는 현실은 아프기만 하다. 시인이 괴로워하는 사회는 병든 사회라고 하였다. 미래학자가 말하기를 다가오는 사회는 꿈의 사회(Dream Society)가 온다고 하였다. 꿈의 사회는 문화가 꽃피는 사회를 말한다. 문화의 사회는 인격이 갖추어진 사람들이 사는 사회를 말한다. 그런 사회를 기대해 본다.

국민을 위해 무료 봉사하겠습니다
처음 시작할 때 보수는 없었습니다
얼마간의 세월이 지나
시의원 구의원 도의원
연 세비가 얼마나 되는 줄
알고 있습니까?
이것 어디서 나오는지
어떻게 쓰이는지
우리들 주머니에서
계속 나가야 합니까?

교육감 공약
초중고 무상 급식
자기들 호주머니에서 주는 것처럼
국민의 세금을

선심성 있는 공약 남발하고
시 도지사
어느 지역에서는 자동차 무료 승차
말도 되지 않는 수없는 공약들

국회의원 서로 죽일 듯 싸우다가
슬그머니 세비 올릴 때에는 척척 손발 맞았습니다
나라 살림살이를 하는 국회의원
혈세를 마음대로
게 눈 감추듯 하니 이 또한 가당찮은 일 아닌가요?

바꿀 수 없나요
의원 선출 방법을 바꾸고
너무 많은 국회의원
반으로 줄이고
국회의원도 청문회에 세워 보자

이중 국적, 사기, 추행, 강간, 정치 자금, 돈 뭉치, 탈세
혼외자식, 전과자는
어떠한 공직에도 나갈 수 없어야 합니다

나라를 위해 몸을 바치고 일할 수 있는
입법 사법 행정
청소부가 필요합니까?
이 나라의 영원한 발전이 올 때까지
비리 공무원 싹쓸이하고
피를 빠는 흡혈귀가 있으면
과감한 수술을 합시다

국회의원들 하는 모습 부끄럽지 않습니까?
자기들 싸움판에 국민, 국민, 국민이 탁구공인가 묻고 싶다
국민을 위하는 행동, 자리 좋은 자리, 돈 장난, 책임 회피
파벌의 역사 고려 조선, 수업 시간에 졸았는지
당파 싸움 어떻게 여기까지 온 줄 모릅니까?

좌파가 판을 치는 이 나라 이 땅에
갈 길이 보이지 않습니다
시끄러운 집 잘 사는 가정 하나 없듯
여야 정치인들이여
지방의원 없앤다 해놓고 어떻게 했나?
부끄러움도 모르는 국회의원
슬쩍 공천하는 여야 개그맨 의원
방송국 개그 프로에 나가 보세요

필요 없는 일 정리하고 삼욕을 버리고
약속을 지켜야
나라가 순항을 한다
정신들 차리시오
입법 사법 행정부 나으리님들
국가를 위하여 제발 정신 좀 차리세요

—「나으리님들 정신 좀 차리세요」 전문

여기에서도 많은 것을 고발하고 있다. 시의 강한 메시지 전달을 위하여 직설적인 표현으로 거칠게 나타나 있지만 우리 모두가 공감(共感)하는 모든 것이 담겨져 있다. 오로지 표를 구걸하기 위해 우리의 세금으로 선심성 공약을 남발하는

정치가들이 얼마나 많은가? 그리고 국회에서 보이는 것은 무엇인가? 그들에게 부끄럽지 않느냐고 경고의 메시지를 보내면서 삼욕을 버리라고 강조하고 있다. 독자들의 대변인이 되어 바른 사회로 선도(先導)하는 것이 시인의 자세가 아니겠는가?

시인이 말하는 대로 하는 것이 바로 정치개혁이다. 국민을 위한다고 떠들지 말고 시인의 제안을 듣고 이대로 실천한다면 국민들에게 박수를 받을 일이다. 진실을 거짓으로 밥 먹듯 하는 그들에게 쓴소리를 하고 있다. 제발 진실로 돌아와 국민을 위한 심부름꾼이 되어주길 바라면서 "국가를 위하여 제발 정신 좀 차리세요."

유전(有錢) 무죄고
무전(無錢) 유죈가?
대한민국 법(法)
입법부가 이 모양이니
이 나라꼴 어디로 갈까?
서로 타협하고
국가 손익을 손잡고
일해야지 이익만 챙기는
자기네들
내가 뽑은 국회의원
유랑극단 배우 줄타기로
재롱부리니
국가와 국민을 위하기보다
여차하면 국민을 어쩌고저쩌고
국민이 장난감인가?
가슴이 터질 것 같다

어떤 년 놈을 믿을까
우파 좌파 진보 대파 양파 쪽파
진절머리 나는 당파 싸움
역사 공부 좀 하지
대한민국 이래도 되나?
어찌하여 우 좌 물고 뜯고
눈 뜨면 뉴스마다 데모 천지요
우리의 앞날을 위해
부끄럽지 않은 대한민국
국민이야 죽든 살든
제발 싸우지들 말고
부탁해요
나라를 위해 일해 주시오

—「어째서」 전문

여기에서도 국회의 부끄러운 모습을 고발하고 있다. 국민을 위한 국회라고 하면서 매일 싸움질이나 하고 있으니 어쩌란 말인가? 자본주의 국가에서 돈이 최고이지만 돈으로 모든 것이 해결된다면 큰 문제가 아니겠는가? 국민이 장난감으로 부각되는 현실을 작가는 가슴 아파하고 있다. 제발 국민을 위해 일해 달라고 간곡히 부탁하고 있다. 가슴이 터질 것 같다.

"어떤 년 놈을 믿을까/ 우파 좌파 진보 대파 양파 쪽파/ 진절머리 나는 당파 싸움/ 역사 공부 좀 하지/ 대한민국 이래도 되나?/ 어찌하여 우 좌 물고 뜯고/ 눈 뜨면 뉴스마다 데모 천지요" 오늘날 한국의 모습을 적나라하게 잘 그리고 있다. 진정 국민을 위한 길이 무엇인지 그들에게 물어보고 싶다.

하루도 변함없이
천변(川邊) 지키느라
추워도 더워도
외로운 팔각정

가로등 불빛
등 떠밀려
흐르는 하천 물
별빛 속에 숨는다

갈대와 정분 나눈
길옆 잣나무
일생 그 자리서
외로움 달래며

물은 하심(下心)하며
위[上]도 보지 않고
교만하지도 않으며
자연에 봉사하는데

살다 보면
우주 만물이 법
물은 강으로 바다로
하얀 밤 팔각정
창밖 보는 내 모습이더라

—「내려 보는 팔각정」 전문

삶을 살아가면서 자기를 반추(反芻)하는 것은 뜻있는 일이다. 팔각정을 바라보면서 자신의 심정을 소탈하게 묘사하고 있다. 잣나무의 외로움, 물이 살아가는 진리를 감정이입으로 잘 나타내었다.

'상선약수(上善若水)' 라는 말이 있다. 최고의 선은 물과 같다. 물은 낮은 곳을 향하여 낮은 곳으로 흐르면서 모든 것을 포용하고 때로는 곤두박질치면서, 길 따라 흘러가고 길이 없으면 길을 내어가면서 흐른다. 우리 모두가 물과 같은 삶을 살아간다면 세상은 맑고 밝은 세상이 될 것이다. 위 시는 선경후정의 구조로 이루어져 있다. 1연에서 3연까지는 서경, 4연에서 5연까지는 감정이입의 구조로 되어 있다. 이 시에서 박 시인의 철학을 엿볼 수 있으리라.

알은 다 먹을 수 있다지
콩알 깨알 조류 알은 먹어도
먹을 수 없는
복어 알과 총알

가난이 무슨 죄냐
콩 볶듯 튀는 가마 솥
총알받이 마중 나간
2억 만 리 월남 땅

고엽으로 망가진 몸
흘린 피와 땀 얼마냐
그래도 오늘 살아 있으니
65년 어제 같은데

조국의 발전 초석된 늙은이
20대 먹지 못할 총알
망가지고 폐품된 오늘날

젊은이들이여
배고프고 검정 고무신…
청바지 시대
누구의 덕인가?

—「먹지 못하는 알」 전문

요사이 젊은이들에게 보릿고개 이야기를 하면 아는 이가 없다. 가난을 벗기 위해 월남의 총알받이로 간 우리의 젊은이가 있었음을 아는 이는 드물다. 지금은 고엽으로 망가진 몸, 폐품으로 전락되어 고통으로 하루하루를 보내는 늙은이가 있음을 아는 이가 얼마나 될까? 국가관이 희박한 젊은이들에게 무슨 말을 들려주어야 할지 아득하기만 하다. 선열들이 지킨 나라, 이 땅이 얼마나 고귀한 것인지? 경제발전과 평화를 위하여 피 흘리며 머나먼 월남 땅에서 목숨 바친 우리의 선배들이 있었기에 오늘날 우리가 잘 살고 있음을 알아야 한다.

무더운 여름 논밭 지심 뽑으랴
목화 따시고 흐르는 땀 냇물 되어
마른 땅 스며들어 개울물 됩니다

겨울밤 아주까리 등잔불 아래
물레 돌리시며 실을 뽑으시던 어머님

방직 공장 원조

실의 길이가 지구를 몇 바퀴 돌고 돌아도
길고긴 겨울밤을 베틀에 앉아
베를 짜던 어머니 모습 아롱거려요

마을 초가집 집집마다 등잔불 밝히고
길쌈하는 밤의 적막을 깨우는 방망이 소리
난타공연을 무색게 할 동네 한밤의 울림이

첫닭이 울기 전 눈을 붙이는 둥 마는 둥
한밤을 지새우던 때가 불과 60년 세월
길다면 길고 짧다면 짧은 찰나로

밤새 무명옷 손질 검은 밤 시달린 흔적
이제야 철든 소자 가슴이 메어집니다
검정 물들인 무명 옷 입고 초등학교 갈 때

어머니의 손등은 터져 갈라지고
어린 동생 대자리에 잠재우던 그때가
엊그제 같은데 세월 너무 변하여

어머님 좀 더 살아 계셨다면
참 좋은 세상 효도 한 번 못한 자식
이 밤 어머니 그리며 웁니다

—「어머니」 전문

3행씩 반복적으로 이루어진 시이다. 시는 운율 있는 언어로 함축되어야 한다. 어머니는 누구에게나 그리움의 결정체다. 따스한 이부자리 같은 어머니에 대한 향수가 분수처럼 솟아오른다. 어머니가 일하던 모습이 눈에 선하게 나타난다. 밭에서 잡초 제거, 길쌈하기, 무명옷 만들기, 무명옷 입고 초등학교 가기, 어머님에 대한 불효와 회한 등의 순서로 이루어져 있다.

누구나 공감할 수 있는 시이다. 시가 독자에게 감동을 준다면 독자와의 공감이 이루어져야 한다고 본다. 어머님에 대한 그리움이 진하게 배어 있다. 어머니를 그리면 우는 눈물 뜨겁기 그지없다. 언제나 지나고 보면 후회를 한다. 후회하지 않는 삶이 어디 있으랴! 후회 그 자체가 삶이라고 말할 수 있다. 이 시에서 작가의 다정다감한 마음을 엿볼 수 있다

매일 오가며 눈이 돌아가고
손이 가는 입구 우편함
날마다 좋은 소식 오려나
왠지 기다려진다

군대 간 자식
첫 편지 기다리는 마음
기쁜 소식
아무것도 없는 함 허전하기에

문학잡지나
아파트 관리 고지서도 좋다
불필요한 전단지보다
책이 들어 있으면 더욱 좋다

뭐랄까
빈손으로 돌아설 때
꼭 무엇을 잊어버리고
두고 온 텅 빈 가슴

—「우편함」 전문

우편함이 비어 있는 집이다. 누군가가 와서 그리움을 채워주는 곳이 우편함이다. 단지 1차적 언어인 우편함을 말하는 것은 아니다. 넓게 말한다면 우리가 살아가는 곳이 바로 우편함일 것이다.

문학 작가라면 전국에서 발송되어 오는 문학잡지 몇 권씩 꽂혀져 있다. 작가의 영혼이 깃들어 있는 귀중한 책들이다. 이런 책들은 영혼을 깨우쳐주는 활력소가 되어준다. 그런데 우편함이 텅 비어 있을 때 허전함은 무엇을 잃어버린 것과 같은 공허감이 누구에게나 찾아온다. 우편함을 바라보는 심정은 어머니가 삽짝 문에서 아들이 돌아오길 기다리는 마음과 같다. 빈손으로 돌아가는 허전함은 무엇에 비길 것인가. 사소한 사물도 놓치지 않는 시인의 직관력을 높이 평가하지 않을 수 없다.

기다려지던 시절
요즈음 말로 재래시장
어려웠던 오일장

검정 고무신 신고
아버님 따라
십 리도 더 되는 자갈길

왜 그리 멀고 먼지

요행히 일요일 장이 열리면
우(牛)시장 한쪽
큰 가마솥 김 무럭무럭
배고파 소리 없이 넘어가는 침

펄펄 끓는 돼지국밥의 유혹
한 툭사발 돼지국밥 국물은
막걸리 한 사발 드신 아버지
알고기 자식 먹이려 올려주고

그 마음도 모르고
한 그릇 홀딱 해치운 철없는 놈
무더운 여름 저만치
자식을 보고 웃고 계신 아버지

아련한 시골장터 돼지국밥
검은 가마솥 눈물 어린다
오늘 3일 8일 오일장 열리는 날
돼지국밥 한 툭사발 추억을 먹는다

—「장날의 그리움」 전문

시골에서 기다리지는 날은 장날이다. 지방마다 오일장이 열린다. 장날이 되면 볼거리가 많다. 어릴 때 추억이 고스란히 남는 곳이 장이다. 약장사의 마술, 그리고 가마솥의 국밥은 아련한 추억의 맛이다. 구수한 돼지국밥에서 아직도 모락 모락 김이 올라가면서 추억을 자아내고 있다.

그 당시 검정 고무신은 유년의 상징이다. 질기디질긴 고무신을 신고 산천을 뛰어다니던 유년의 강물, 이제는 향수로 젖어오고 있다. 자식을 위해 알고기만 주는 아버님의 사랑이 오롯이 솟아오르고 있다. 철모르던 시절 그 향수를 잊지 못해 오일장을 찾은 작가의 따스한 마음이 포착되고 있다. 지금도 오일장은 마음의 고향이다. 유년의 강으로 달려가고 싶으면 오일장을 가보아라.

손발이 닳도록 빌어
용서 받을 수 있다면

손에 피가 나도록 빌지
아무 소용없는 일

인간 세상에 나가서
잘못 걸리면

아침밥 잘 먹고 나가
물안개 맞으면

천둥소리와 함께 저승길
저녁에 못 볼 수 있으니

기다리지 마라 아들딸들아

—「파리의 유언」 전문

「파리의 유언」에서 많은 것을 생각하게 만든다. 손발이 닳도록 빌어보는 하루이지만 잘못 걸리면 내일이 없다. 인명은 재천명이라 했다. 언젠가 저승으로 돌아갈 수밖에 없는 인생사를 파리에 비유하고 있다. 자식들에게 "기다리지 마라 아들딸들아" 처연한 각오가 서려 있다. 오늘 하루를 소중히 여기고 내일을 생각하지 마라는 뜻이 담겨 있다. 욕망의 덫에 걸린 우리들, 낙엽처럼 하나씩 떨어져 강물과 함께 떠나가는 삶, 인생이 파리와 다를 바가 어디에 있는가?

좋은 시의 요건은 여러 각도에 따라 달라질 수 있지만 적어도 시의 음악성(운율) 회화성(이미지) 의미성(내용) 등을 조화롭게 구조화 되었을 때 좋은 시라고 말할 수 있다. 시인은 다른 사물을 데리고 와서 자기가 하고 싶은 말을 대신 시켜야 한다. 비유와 상징을 적절히 넣어 시적 미감이 나타나도록 해야 하며 시인의 철학이 녹아들어 있는 시라야 독자들에게 감동을 줄 수 있다. 작가도 현실을 떠나 살 수가 없다. 현실에서의 아픔과 아름다움을 꾸밈없이 형상화시킬 때 좋은 작품으로 나타난다. 이런 관점에서 박희익의 제8시집 『물에 빠진 개구리』에서 나타난 특징을 살펴보면 다음과 같다.

첫째, 정치 관료들의 잘못을 신랄하게 비판하여 독자들에게 공감을 불러일으킨 점.

둘째, 적절한 비유와 상징으로 시적 미감을 드러내었다는 점.

셋째, 생활 일상 속에서 일어나는 사소한 일도 놓치지 않고 시화시켰다는 점.

넷째, 여행을 통해 보고 들은 내용을 적은 참신한 기행시가 많다는 점.

이러한 장점으로 독자들에게 사랑받는 시인으로 자리매김할 것이라 본다. 그러나 독자들을 위하여 하고 싶은 말을 남겨 여백의 미를 살렸으면 어떨까 하는 생각도 든다.

박희익 시인은 가슴이 따뜻한 시인이다. 늘 문우들에게 웃음을 주는 시인이다. 이번 시집에서는 독자들에게 카타르시스 작용을 할 것이라고 믿는다. 그의 깊은 철학이 녹아들어 있는 직품들을 쉽게 발견할 수 있다. 그리고 그가 하고 싶은 말은 꾸밈없이 거칠게 내뱉고 있다. 불의를 보고 견딜 수 없는 그의 양심적인 고백이라고 할 수 있다. 박 시인이 꿈꾸는 세상이 바로 우리들의 세상이다.

정치가들이여! 정치개혁은 먼 곳에 있는 것이 아니고 이 작은 시집에 들어 있다. 이 시를 읽어보고 이대로 실천한다면 국민들에게 큰 박수를 받을 것이다. 힘없는 시인이 울어대는 올챙이 울음일지라도 절망의 늪에서 들려오는 구도자의 목소리로 온 산천을 들썩이고 있다.

이번 제8시집 『물에 빠진 개구리』가 독자들에게 사랑을 받을 수 있는 시집이 될 것으로 확신하면서 발간을 진심으로 축하한다.

문학세계대표작가선 725

물에 빠진 개구리

박희익 제8시집

인쇄 1판 1쇄 2014년 8월 29일
발행 1판 1쇄 2014년 9월 5일

지 은 이 : 박희익
펴 낸 이 : 金天雨
펴 낸 곳 : 도서출판 天雨
등 록 : 1992. 2. 15. 제1-1307호
주 소 : 서울시 성동구 무학봉28길 6 금용빌딩 2F(하왕십리동 966-23)
전 화 : 02)2298-7661
팩 스 : 02)2298-7665
http://www.moonhaknet.com
E-mail : chunwo@hanmail.net

값 10,000원

ISBN 978-89-7954-577-7